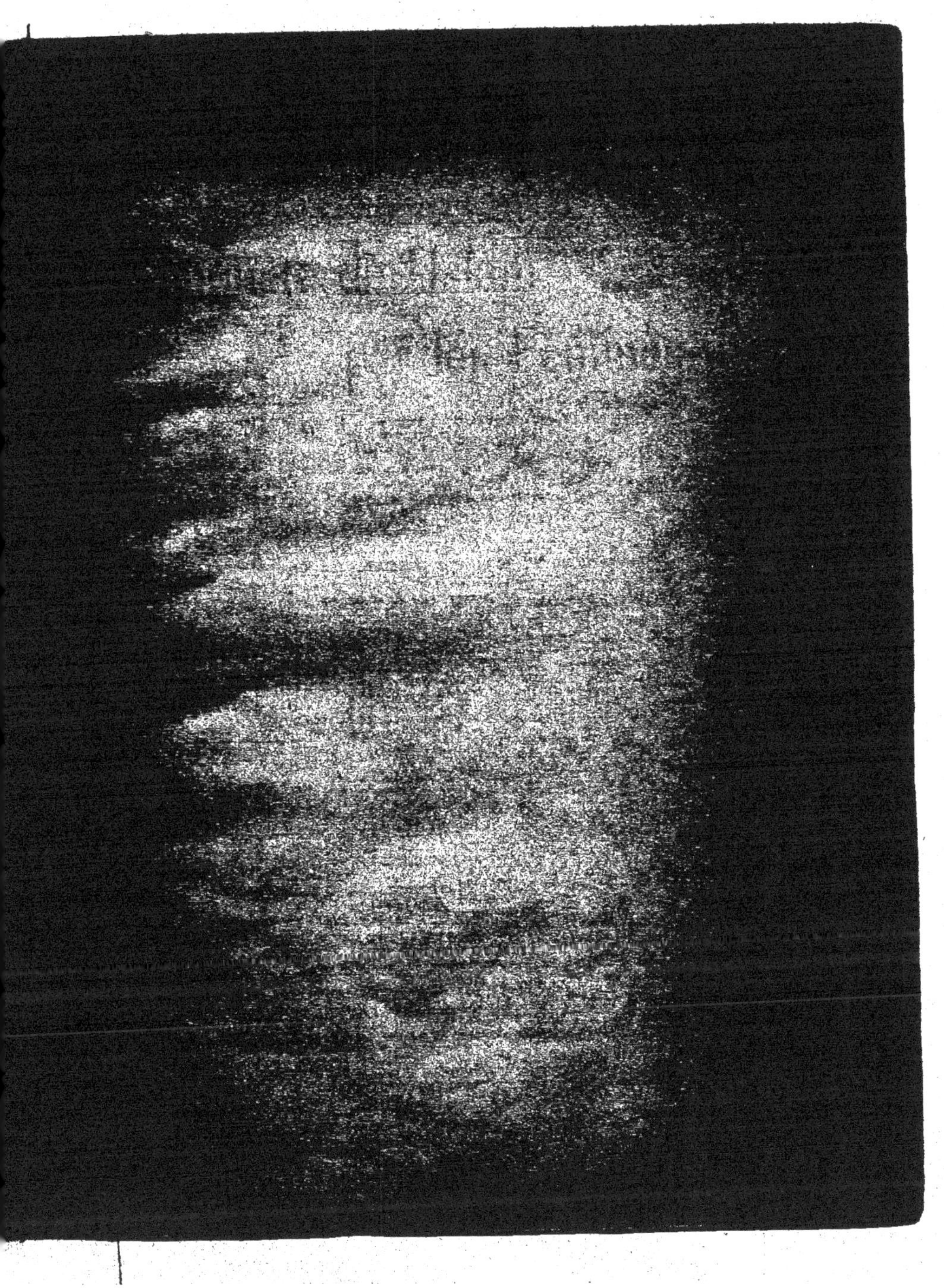

LA
Conquête de l'Islam
par les Femmes

Par M. Ch. RENÉ-GARNIER

Avocat à Paris

Ancien Secrétaire de la Société de Géographie de l'Afrique du Nord

CONFÉRENCE FAITE A LA SOCIÉTÉ NORMANDE DE GÉOGRAPHIE

LE 29 NOVEMBRE 1910

ROUEN

IMPRIMERIE E. CAGNIARD (Léon GY, successeur)

Rues Jeanne-Darc, 88, et des Basnage, 5

1911

Reproduction interdite aux journaux qui n'ont pas de traité avec la Société des Gens de Lettres.

Extrait du Bulletin de la Société normande de Géographie

(1er Cahier de 1911 — pp. 89-116)

Séance publique ordinaire du mardi 29 novembre 1910

Présidence de M. ALBERT FAROULT, président

LA CONQUÊTE DE L'ISLAM PAR LES FEMMES

Conférence de M. CH. RENÉ-GARNIER

Avocat à Paris

Ancien Secrétaire de la Société de Géographie de l'Afrique du Nord

ALLOCUTION DU PRÉSIDENT

MESDAMES, MESSIEURS,

Algérien de naissance, ayant vécu cette si particulière existence coloniale où l'on coudoie la civilisation la plus raffinée et la nature à la fois rude et complexe de l'indigène, M. René-Garnier, après avoir beaucoup vu et beaucoup étudié, sentit se développer progressivement en lui, en même temps que la passion de la petite patrie, l'amour de la Métropole.

Témoin de la merveilleuse transformation économique que notre belle colonie africaine a subie depuis trente ans, il considéra sa mission de faire connaître à ses frères de France les merveilles et les richesses qu'il avait sous les yeux.

Avocat près la Cour d'Appel d'Alger, il sut, à ses devoirs professionnels, adjoindre ceux d'un prosélyte du drapeau national.

Auteur de brochures que les touristes se plaisent à reconnaître des guides modèles, il devint directeur de la *Revue Nord-Africaine*, puis secrétaire général de la Société de Géographie de l'Afrique du Nord.

Il fut nommé secrétaire général du Comité algérien de Propagande et d'Hivernage, œuvre chargée d'attirer les voyageurs français et d'organiser des caravanes à travers l'Afrique septentrionale.

Aussi, lorsqu'il y a dix ans, un groupe de membres de la Société normande de Géographie fit une excursion dans le Sud-Algérien, le cicérone dévoué, intrépide et rempli de belle humeur, ne fut-il autre que M. René

Garnier lui-même, Garnier le Kabyle, comme on l'appelle au-delà de la Méditerranée.

Mais il lui fallait continuer son apostolat ; ce n'était point assez de se prodiguer sur le sol colonial, il fallait porter la bonne parole en France et dire aux compatriotes un peu timorés que les plus beaux rêves ébauchés pouvaient devenir de tangibles réalités.

C'est ainsi que nous eûmes le grand plaisir de recevoir, en 1901, M. René-Garnier, chargé par le Gouvernement algérien d'une mission spéciale, et d'apprendre peu de temps après que son passage parmi nous avait été couronné de succès.

Un brave garçon qui exploitait à Saint-Saëns un commerce des plus modestes ayant entendu la parole chaude et persuasive de notre conférencier se dit, dans son patois imagé, que ce devait être « un homme fiable » et, s'en remettant à lui, quon pouvait espérer « amasser du bien ».

Un beau matin, donc, il débarqua à Alger, se rendit directement au cabinet de M. Garnier et ne lui laissa ni trève ni répit que celui-ci ne lui eût fait obtenir une concession dont il sût tirer une petite fortune.

N'est-ce point grâce à l'accueil qu'il réserva à l'un de nos concitoyens que M. René-Garnier établit des liens d'amitié, puis de parenté, avec l'un de nos vénérés présidents honoraires ?

Mais je passe ces détails trop intimes ; je ne les ai indiqués que pour vous montrer que nous sommes, ce soir, tout-à-fait en famille.

Maintenant fixé à Paris, homme de lettres collaborant à l'*Eclair* et à de nombreux autres journaux, M. René-Garnier continue à se faire le champion de la civilisation. Il veut, ce soir, nous faire connaître les moyens par lesquels nous pouvons accroître nos sympathies et augmenter notre influence en Afrique.

Il pose cette question :

Comment convaincre l'Islam du rôle de la France qui est de répandre les idées généreuses et fertiles, honneur de l'humanité, et d'être l'instrument du progrès universel ?

Et il répond :

Pour approcher l'indigène dont les tentes sont aussi fermées à l'Européen qu'elles le sont à la lumière, il faut une autre influence que celle de l'homme, il faut...

Mais je m'aperçois que j'empiète sur le terrain de notre conférencier, et je me hâte de lui céder la parole.

CONFÉRENCE

MESDAMES, MESSIEURS,

Votre Président est un homme excessivement aimable : il a une façon charmante, mais dangereuse, de faire des présentations. Il vous prépare ainsi de cruelles déceptions.

Depuis l'aventure de « Chantecler », chacun sait qu'il est pernicieux de vanter à l'avance ce qu'on offre au public. « A bon vin, point d'enseigne » dit la sagesse des nations.

Il est vrai que quand le vin est très médiocre, comme dans mon cas, il faut essayer de persuader d'avance aux consommateurs qu'il est bon.

Comme vous l'a dit votre Président, je ne suis pas tout à fait inconnu à la Société normande de Géographie.

Au mois de septembre 1901 — il y a un peu plus de neuf ans — j'étais venu, chargé de mission officielle par le gouverneur général de l'Algérie, vous parler de ma patrie. Je débutais, dans ma tournée de conférences de propagande, par Rouen, et c'était — je puis bien vous l'avouer maintenant — la première des conférences que je faisais. Depuis j'ai été excessivement bavard ! Mais j'avais, lorsque je me présentais devant mes auditeurs rouennais, une peur atroce : je vous assure que je n'étais pas fier. Cependant l'accueil qui me fut fait, fut si aimable, si cordial, si bienveillant, que je repris courage et que je parvins, tout de même, à dire à peu près ce que je désirais sur l'Algérie.

Et j'avais gardé de votre belle cité et de ses accueillants habitants un si délicieux souvenir que, ma foi, je m'étais bien promis de venir encore mettre une seconde fois votre indulgence à l'épreuve.

D'autant plus que, depuis ma première visite ici et à cause de cette visite même, j'ai contracté une alliance familiale avec les Normands — ce dont je me félicite chaque jour davantage :

« Aujourd'hui plus qu'hier et bien moins que demain »

Et, comme en ce monde, ce qu'on veut bien, on finit généralement par le réaliser, vous voyez que mon vœu de retour parmi vous est exaucé, puisque me voici, ce soir, devant vous en train de « reconférencier ».

Je me propose d'examiner avec vous cette question dont l'importance ne vous échappera pas :

« *Comment pouvons nous conquérir l'Islam ?* »

Et quand je parle de conquête, il s'agit naturellement de conquête morale, de conquête par la bonté, à la manière douce et non à la façon barbare et brutale.

Cliché René-Garnier

UNE FAMILLE MUSULMANE

Un chef marocain, sa femme et son fils.

Les conquêtes pacifiques sont d'ailleurs les seules solides et durables. Les autres sont éphémères.

Et l'on n'a rien conquis quand on n'a fait que la conquête des corps ; c'est celle des esprits et surtout celle des cœurs qui est essentielle.

« Conquérir l'Islam ! » quelle œuvre gigantesque et quelle belle œuvre ! Ramener à des idées de bonté, de charité, de fraternité humaine ces

176 millions d'êtres humains qui constituent l'Islam et qui sont séparés de nous par l'invincible haine que fait naître en leur cœur contre les chrétiens la doctrine farouche et sectaire de Mahomet; c'était là, n'est-ce pas, une belle et grandiose entreprise qui aurait dû séduire le génie civilisateur de la France.

L'avons nous tentée seulement, cette conquête morale des Musulmans? Hélas, non! Et je crains bien que notre esprit national — tourné vers d'autres préoccupations souvent beaucoup moins intéressantes — ait fait précisément tout le contraire de ce qui eut été utile pour désarmer ces ennemis.

Il faut le dire carrément, nous avons été et nous sommes encore très maladroits dans notre façon de faire vis-à-vis de nos sujets musulmans et nous n'avons réussi qu'à creuser de plus en plus l'abîme qui nous sépare d'eux!

Et, pendant que nous avons ainsi éloigné de nous, par nos perpétuelles maladresses, ces grands enfants que sont les Arabes, notre fâcheux exemple n'a pas été suivi par l'Allemagne.

L'Empereur Guillaume, qui est loin d'être un imbécile, a compris, lui, tout le parti qu'il pouvait tirer de cette situation, et la bonne besogne que nous aurions dû faire et que nous n'avons pas faite, il l'a entreprise et il la poursuit patiemment et sûrement.

Il s'est dit qu'il avait un rôle considérable à jouer dans l'histoire : celui de « *Protecteur de l'Islam* », et, depuis vingt ans, avec une persévérance, un esprit de suite, une tenacité auxquelles il faut rendre hommage — tout en les déplorant au point de vue de nos intérêts nationaux — il draine à son profit la confiance et les sympathies de l'Islam tout entier.

Voyez ce qu'il a fait partout où flotte le drapeau vert du Prophète.

En Turquie, au Maroc, aux Indes, en Tripolitaine, il est devenu le grand apôtre de la cause islamique.

Et vous ne sauriez croire — je vous en parle en connaissance de cause — quel ascendant moral formidable le « *Sultan de Prusse* » — ainsi l'appellent les Arabes — a pris sur ces populations.

Il a dépensé des centaines de millions — en silence — pour arriver au résultat qu'il cherche, mais aussi quelle puissance colossale sera pour lui, au moment opportun, l'appui de ces 176 millions d'hommes, répandus sur toute la surface du globe et qui actuellement se réclament de la protection du « Sultan de Prusse ».

Et si, quelque jour — « *qui dit jamais ne le croit guère !* — nous devons, de nouveau, entrer en lutte avec nos voisins de l'Est, réfléchissez à ce que serait pour nous, au moment où nous aurions besoin de toutes nos forces militaires, nos cinq millions d'indigènes d'Algérie se soulevant à un signal venu de Berlin contre les quatre cent cinquante mille Européens de notre colonie nord africaine ; considérez ce que deviendrait pour les Anglais — nos alliés — la situation s'ils avaient à lutter, à la fois, contre un ennemi européen et contre leurs cinquante millions de sujets de l'Empire des Indes.

Et voilà ce à quoi sûrement a songé l'Empereur moustachu.

A l'appui de mes affirmations, il faut que je vous raconte une anecdote que je tiens de source absolument sûre et qui caractérise nettement notre façon de faire, mise en parallèle avec celle de l'Empereur Guillaume :

Il y a quelques années — je ne veux pas trop préciser, vous allez comprendre pourquoi — un Congrès de Sociétés scientifiques eut lieu à Alger.

L'Allemagne avait envoyé comme délégué un très important personnage de l'Empire. Celui-ci, ami personnel de l'Empereur, resta pendant une quinzaine de jours à Alger et on s'aperçut qu'il recevait, à l'hôtel où il était descendu, les visites fréquentes de nombreux chefs indigènes algériens. On s'émut de ces allées et venues et on fit surveiller les visiteurs du congressiste germanique.

On arriva ainsi assez facilement à connaître la vérité et l'on apprit que la mission scientifique du délégué allemand en cachait une autre beaucoup moins platonique : celle de s'assurer les sympathies des arabes puissants d'Algérie.

On télégraphia à Paris pour recevoir des instructions et le quai d'Orsay, affolé, répondit, furieux : « Laissez-nous tranquille. N'allez pas soulever des complications avec ces histoires ».

On se le tint pour dit et l'envoyé de Berlin put, tout à son aise, continuer ses conciliabules.

Puis, un beau jour, il annonça qu'il partait pour l'Extrême-Sud Oranais, à la frontière marocaine. Cela devenait beaucoup plus grave. Son prosélitisme germanique dans les villes offrait de graves inconvénients, mais, enfin, nous avons sur les chefs des grands centres algériens des moyens d'action que nous ne possédons pas sur ceux des régions lointaines. — Il fallait aviser.

Nouveau télégramme au quai d'Orsay. Nouvelle réponse : « Encore

une fois, laissez nous la paix ». On avertit alors les autorités de l'Extrême-
Sud de l'arrivée de ce personnage encombrant.

Il commença ses pérégrinations, malgré les exhortations des officiers
de nos postes avancés qui lui conseillaient de se méfier, et, quelques jours
après son arrivée, alors que, malgré tout ce qu'on avait pu lui dire, il avait
voulu partir quand même avec un ou deux indigènes vers un point éloigné
du poste, il fut assailli, *comme par hasard*, par un groupe de marocains
qui firent parler la poudre, et il faut croire que le délégué allemand
n'aimait pas follement ce langage, car il fit faire demi-tour à son mulet,
regagna le poste au triple galop et ne remit plus jamais les pieds dans la
région.

L'histoire est absolument authentique. Elle prouve nettement qu'en
France, pour faire œuvre utile, il faut toujours se passer du gouvernement.

Voilà donc comment l'Empereur d'Allemagne poursuit le but qu'il
s'est proposé d'atteindre.

Il ne néglige aucune occasion de manifester son intention de protéger
les Musulmans.

Vous vous souvenez tous de son débarquement comminatoire à Tanger
et de notre attitude déplorable à ce moment-là.

Et si vous saviez l'impression désastreuse pour nous que produisit,
dans l'esprit de tous les Musulmans nord-africains, ce honteux incident.

Quelle joie se peignait sur le visage de tous ces vaincus — qui nous
détestent cordialement ! — à la pensée que le « Sultan de Prusse »
faisait, à son tour, plier les vainqueurs ! Un souffle insurrectionnel passa
sur l'Algérie à cette époque.

Et je pourrais vous citer d'autres faits, nombreux et précis, qui dé-
montrent avec quelle opiniâtreté se poursuit cette politique islamique de
l'Allemagne, dans un but évidemment gallophobe.

Je pourrais vous citer de nombreux exemples, que je connais, dont j'ai
été témoin, d'incidents graves, immédiatement étouffés par le quai d'Orsay,
soulevés naïvement par des Administrateurs de communes mixtes d'Algérie
(plusieurs, écœurés, ont d'ailleurs donné leur démission à la suite de ces
incidents) qui avaient découvert, sur différents points du territoire algérien,
de très importants dépôts de fusils de guerre allemands et de munitions.

La vente des armes et de la poudre est légalement interdite aux indigènes en Algérie ; mais on peut dire que, en dépit de cette prohibition,
tout indigène algérien qui se respecte a un fusil perfectionné — qu'il cache

d'ailleurs très soigneusement. On s'en est aperçu chaque fois que des insur-
rections locales se sont produites, comme, notamment, lors de l'affaire de
Margueritte, il y a quelques années.

Et tous ces fusils sont d'origine allemande. Il en est de même, d'ailleurs, au Maroc. Lors de l'expédition des Beni Snassen, à la frontière marocaine, il y a trois ans, les officiers et soldats qui furent tués par des
marocains, l'ont été par des balles de fabrication allemande, et toutes
les victimes espagnoles de l'expédition récente du Riff furent des victimes
du plomb d'Allemagne.

Je pourrais facilement, si je le voulais, être encore plus précis et rap-
porter des faits sur lesquels je suis absolument documenté.

Mais vous comprendrez ma réserve : je dois me borner à ce que je
viens de vous dire. C'est déjà suffisant !

Je pense que vous conclurez facilement qu'il y a pour nous un véritable péril national à ne pas contrebalancer cette propagande organisée,
dans nos colonies, auprès de nos sujets musulmans, par les Allemands.

Ceux qui sont à la tête de nos affaires ultra-méditerranéenne connais-
sent parfaitement la situation et, comme ils sont désarmés en face du danger
croissant, comme ils sentent que leurs efforts personnels sont stériles, ils
finissent tous, au bout d'une période d'essais consciencieux plus ou moins
longue, par faire ce que firent tous ceux qui les ont précédés et que feront
ceux qui les suivront, par se décourager et par abandonner une tâche im-
possible et grosse de responsabilités.

En effet, quelle est, à nous, notre politique islamique ? Qu'avons-nous
fait pour amener à nous, pour conquérir moralement nos sujets musulmans ? Qu'avons-nous tenté pour essayer de combler le fossé très profond
qui nous sépare d'eux ?

Etudions, si vous le voulez, les résultats obtenus en Algérie, qui peut
être considérée, en somme, comme le type de nos colonies musulmanes.

Je ne veux pas vous faire ici l'historique détaillé de la colonisation
française en Algérie. Ce serait infiniment trop long.

Il y aurait pourtant beaucoup de choses très intéressantes à vous dire
sur ce sujet, mais ce sera peut-être pour une autre fois, si je ne vous ai pas
trop ennuyés ce soir, et si la Société de Géographie veut bien m'accueillir
de nouveau.

Examinons seulement aujourd'hui, très succinctement, comment

nous nous y sommes pris pour gagner l'esprit et le cœur de ces frères, inférieurs en humanité, que nous avons vaincus en 1830.

Cliché René-Garnier

UNE IDYLLE SOUS LES PALMIERS

Et je commence tout d'abord par vous le déclarer ; je suis absolument
persuadé que cette conquête morale des indigènes algériens est encore entiè-
rement à réaliser. Ils sont au fond tout aussi éloignés de nous que lors de
notre débarquement en Algérie. La plupart font adroitement contre mauvaise fortune bon cœur. Ils essayent de se servir de nous le plus possible

pour gagner de l'argent, car ils savent parfaitement qu'ils ne pourraient pas, en ce moment, lutter victorieusement contre la France.

Mais, au fond du cœur, ils conservent exactement les mêmes sentiments, dissimulés sous un visage obséquieux et quelquefois, en apparence, très accueillant, et ces sentiments intimes sont la haine du *Roumi*, du « chien de chrétien ».

C'est que si, nous, en France, nous nous sommes ingéniés à arracher du cœur de la plupart de ceux qui l'avaient, la foi et l'esprit de tradition, eux les ont conservés intacts. On s'est efforcé d'éteindre chez nous les étoiles. Dans leur ciel à eux, elles brillent plus éclatantes que jamais et, n'en doutez pas, c'est là tout le secret de leur force. Si ces hommes, désarmés ou mal armés, sont si redoutables, c'est que, précisément, ils sont guidés par le plus puissant des stimulants, par la foi profonde, ardente, sincère que nos quatre-vingts ans de voisinage n'ont pu altérer et que rien n'arrivera à détruire en eux.

Contre ces gens-là l'esprit nouveau n'aura aucune prise et les doctrines dissolvantes viendront se briser comme verre.

Oui, je sais ! On m'opposera peut-être quelques exceptions de Musulmans qui ne font plus le carême annuel du Rhamdan, qui ne vont plus à la mosquée le vendredi, qui ne font plus leurs trois prières quotidiennes et qui mangent du porc et boivent de l'absinthe dont ils s'énivrent.

C'est vrai ! Il existe, en effet, de ces exceptions, et nous pouvons être fiers de notre œuvre civilisatrice : ceux des Musulmans que nous avons ainsi déracinés de leurs croyances deviennent presque toujours du gibier de cour d'assises et de correctionnelle !

Mais à ces exceptions là, j'opposerai l'exemple de tous ces indigènes des campagnes et même des villes, qui le matin, au lever du jour, à midi et le soir, au coucher du soleil, se prosternent, avec une dignité véritablement édifiante, où qu'il se trouvent, le visage tourné du côté de la Mecque et, pieusement, sans ostentation mais sans orgueil humain, font simplement leur prière, en dépit des quolibets et des sarcasmes par lesquels essaient parfois de les troubler, sans y parvenir, les sceptiques blasés de notre race décadente. Et voilà ce qui nous sépare irrémissiblement de ces gens-là !

Il nous pardonneraient sans doute, à la longue, d'être leurs vainqueurs, ils ne nous pardonneront jamais — entendez-vous, jamais, — d'être des chrétiens, et surtout, d'être des athées. Là est l'obstacle que nous ne boirons pas, celui-là, malgré tous les pneus qu'a inventés et que pourra inventer encore le progrès scientifique.

Et je puis, afin de vous prouver que nous n'arriverons pas, avec nos méthodes actuelles, à modifier la mentalité, les opinions et les croyances de nos sujets algériens, vous citer deux exemples typiques :

Je connais personnellement très bien — et je l'aime beaucoup, car c'est vraiment une âme d'élite — le petit-fils du grand Abdel-Kader, de ce Vercingétorix musulman, dont la vie glorieuse est un splendide exemple de dévouement, d'héroïsme et de loyauté.

Vaincu par nous, Abdel-Kader fut, malgré la promesse solennelle qui lui avait été faite, lors de sa reddition, qu'il aurait la liberté, interné d'abord à Toulon, ensuite au château d'Amboise et enfin en Syrie.

Il avait prêté serment sur le Coran, qu'il serait désormais, lui et les siens, fidèles à la France et, en dépit de toutes les injustices dont il fut victime, il le resta. Il fit mieux, et ce fait vaut la peine d'être rappelé ici :

Lors des massacres de Syrie, en 1860, Abdel-Kader sauva, au péril de ses jours, en les arrachant aux Turcs ses coreligionnaires, plus de 10,000 chrétiens.

Enfin, en 1870, lorsqu'il vit la France vaincue, envahie, il offrit au Gouvernement de la défense nationale de venir, avec plusieurs milliers de ses partisans, combattre pour elle sous ses drapeaux.

« Ce n'est pas une raison, disait-il, parce que les Français ne tiennent pas la promesse qu'ils m'ont faite pour que je ne sois pas fidèle à mon serment ». N'est-ce pas là vraiment une fière et noble attitude ?

Eh bien, je vous disais donc que je compte parmi mes amis — et j'en suis fier ! — le petit-fils de ce grand homme, l'Emir Khaled, capitaine de spahis, qui s'est distingué au Maroc, à Casabianca, et a été, pour sa belle conduite, porté à l'ordre du jour de l'armée française et décoré de la Légion d'honneur !

Khaled a fait ses études à l'Ecole de Saint-Cyr. C'est un garçon délicieux, causeur charmant, un très bel homme, et il fut à Paris la coqueluche des Parisiens et des Parisiennes.

Pendant trois ans, on se l'arracha littéralement. Il conduisit des cotillons à l'Elysée, au Ministère de la Guerre. Il était devenu le plus parisien des Parisiens.

Ses études terminées, il fut nommé sous-lieutenant de spahis, à Alger, et détaché au 5e chasseurs d'Afrique.

Or, savez-vous ce que ce garçon, qui venait, pendant trois ans, de vivre la vie de Paris avec tous ses raffinements et de porter l'uniforme de Saint-Cyr, fit, avant toute chose, le jour même de son débarquement à Alger ?

Il quitta son uniforme et courut bien vite se vêtir d'un burnous et coiffer sa chéchia et son turban. Et, un mois après, il observait, comme un bon musulman qu'il est resté et restera toujours — et je l'en félicite ! — le rhamdan.

Autre exemple : le colonel Ben Daoud, qui commandait, au titre français, le 2e spahis, à Oran, et qui était devenu, en apparence du moins, un parfait gentleman, parlant le français admirablement et ne fréquentant que ses collègues les officiers français, a pris sa retraite, à Oran, il y a trois ou quatre ans, après un nombre très respectable d'années au service de la France. Eh bien, savez-vous ce que cet officier français a fait un mois après qu'il était redevenu un « pékin » ? Il a repris son burnous et il s'est installé dans une maison de campagne des environs d'Oran pour y revivre intégralement son existence musulmane.

Voilà toute l'emprise que notre civilisation a sur ces gens là. Et nous parlons des plus intelligents d'entr'eux. Comment voulez-vous, alors, *a fortiori*, que nous puissions conquérir les gens du peuple, les ignorants ?

Il faut les instruire, a-t-on dit.

Et on a dépensé des millions et des millions — et on en dépense encore ! — et on construit chaque année de nouvelles écoles ! — pour donner aux jeunes arabes l'instruction laïque et obligatoire.

Quelle grotesque utopie !

Il faut voir ce qu'on leur apprend à ces pauvres petits qui répètent, comme des perroquets dociles, la leçon apprise : on leur a fabriqué une histoire de France spéciale où l'on a oublié de mentionner toutes nos défaites, où il est vaguement question d'un aventurier qui s'appelait Napoléon Ier, et où les bienfaits de la troisième République sont exaltés !

Ce serait vraiment amusant, si ce n'était désolant.

Mais alors que faire ? Quel système employer ? Entreprendre de christianiser les musulmans ?

C'est une œuvre qui a tenté le cardinal Lavigerie, l'une des plus belles figures de notre époque, l'un des grands hommes du xixe siècle.

L'expérience essayée par lui a été concluante et, reconnaissons-le, désastreuse.

Au moment de la grande famine qui désola l'Algérie, en 1869, le car-

dinal, le *Grand Marabout*, comme l'appelaient les Arabes qui avaient
pour lui une véritable vénération, recueillit les petits orphelins indigènes
qui mouraient de faim le long des routes.

Il les éleva, en fit des chrétiens et, après les avoir mariés entre eux,
en peupla les villages qu'il créa de Saint-Cyprien-des-Attafs, de Saint-
Denis-du-Sig et de Saint-Lucien, dans le département d'Oran. Hélas ! ces
chrétiens par force tournèrent tous très mal.

Cliché René-Garnier

UN GROUPE DE JEUNES KABYLES

Honnis par leurs anciens coreligionnaires, qui ont le souverain mépris
des renégats — des *m'tournis*, comme ils les appellent — ils se livrèrent
presque tous à l'ivrognerie et à la débauche, vendirent la maison et le
champ que leur avait donné Mgr Lavigerie, abandonnèrent leurs femmes
et devinrent de très mauvais sujets.

Quant aux *mauresques de Monseigneur*, c'est ainsi qu'on les appelait, elles tombèrent presque toutes au dernier degré du vice et la plupart
ont une existence moins que recommandable.

Donc, il faut renoncer à ce moyen.

Mais alors, puisque ni l'instruction, ni l'évangélisation ne peuvent modifier la mentalité de ce peuple arabe, comment pouvons-nous l'atteindre moralement ?

Le seul moyen, je crois, d'arriver à un résultat, — et encore est-ce un moyen de longue haleine qui nécessitera une patience inlassable et une persévérance à toute épreuve — c'est la conquête de ces âmes naïves par la bonté, par la charité, par la persuasion.

Mais ce ne sont pas les hommes qu'il faut convaincre. Eux ne se laisseront pas atteindre ! Ce sont les femmes que nous devons gagner à notre cause ; et cette œuvre patriotique et nationale, vous seules, Mesdames, vous, les Françaises, capables, quand il le faut, de tous les héroïsmes, de toutes les générosités, de tous les dévouements, c'est vous qui pouvez, penchées sur vos sœurs malheureuses de l'Islam, trouver le chemin de leurs cœurs et vous les attacher pour toujours par votre captivante bonté : car elles ont bien besoin qu'on s'occupe d'elles, pour leur faire une mentalité, ces créatures de misère qui sont un peu moins mal traitées que le chien et beaucoup moins bien traitées que le cheval.

Ce sont de pauvres êtres résignés qui acceptent, la plupart du temps, leur sort sans maugréer. Il ferait bon voir qu'elles se plaignent. Leur seigneur et maître, leur autocrate, les chasserait du foyer conjugal ; alors elles supportent tout.

On les épouse sans les connaître et elles meurent, presque toutes, sans êtres connues moralement de celui qu'elles ont aimé, servi, soigné.

Et n'allez pas croire que ces femmes n'aient pas un cœur comme le vôtre, Mesdames. Elles sont, elles aussi, tout comme vous, des jeunes filles très sentimentales, avec leurs âmes poétiques d'orientales ; elles sont ensuite des épouses parfaites, passant leur vie entière à travailler chez elles, à préparer la nourriture et les vêtements de leur mari qui, lorsqu'il est en colère, les bat comme plâtre, et à soigner et élever, comme de bonnes poules couveuses, leurs nuées de petits enfants. Et, presque toujours, elles restent scrupuleusement fidèles à l'homme qu'elles ont épousé, qui vit à leurs côtés, sans les connaître le plus souvent, et qu'elles n'ont pas choisi. Car vous le savez probablement déjà, Mesdames, la jeune fille arabe ne choisit pas son fiancé. On le lui impose et elle l'accepte, bon gré, mal gré.

Peut-être, après tout, n'en sont-elles pas plus malheureuses pour cela et peut-être les mauvais ménages ne sont-ils pas plus nombreux chez les Musulmans que chez les Européens où la comédie des fiançailles n'amène souvent que déceptions et discordes.

Bon ou mauvais, le système matrimonial islamique est le suivant :

Lorsqu'un père de famille a une fille — cela se sait par les femmes, puisque les hommes ne pénètrent jamais, sous aucun prétexte, là où sont les femmes — il voit venir chez lui, un beau jour, un Arabe qui, lui, a un fils. Après lui avoir marchandé des poules, un mouton ou un veau, le père du jeune homme dit au père de la jeune fille : « Tu as, paraît-il, une fille à marier ? » Vous savez qu'en pays arabe tout le monde se tutoie (le vouvoiement est absolument inconnu). — « Oui, répond le père de la demoiselle, j'ai une fille » — « Quel âge a-t-elle ? » — « Tel âge ». — Combien exiges-tu de dot ? » — « Tu me donneras trois cents francs et tu remettras à ma fille, le jour des noces, deux cents francs d'étoffes et de bijoux ». — « C'est trop cher : Veux-tu deux cents cinquante francs de dot et cent cinquante francs de bijoux ? ». — « Entendu ! ». — « Alors, allons chez le cadi ». — Le cadi, c'est le notaire musulman. On va chez le cadi qui dresse un acte constatant que le nommé Ahmed a donné sa fille, en mariage, au nommé Albel-Kader et que celui-ci s'engage à verser telle ou telle somme d'argent sur laquelle il a remis, en présence du cadi, un à-compte de tant.

Et voilà ! Le tour est joué : la jeune fille est mariée. — Elle ne deviendra la chose de son mari que quand elle aura onze ou douze ans. A ce moment, le père du jeune homme versera le complément de la dot et, un soir, le propriétaire de la jeune fille — qu'elle n'aura jamais aperçu que de loin, à travers les barreaux de sa cage, quand il passera sous sa fenêtre, — viendra la prendre — après des fêtes très pittoresques — pour l'amener dans sa nouvelle famille où elle trouvera souvent deux ou trois autres femmes du même seigneur et maître.

Et vous allez crier, vous, Mesdames, vous surtout, Mesdemoiselles, qui avez la prétention, assez légitime d'ailleurs, de choisir votre mari, à l'abomination de la désolation. Ne nous frappons pas ! Cela n'est ni abominable, ni désolant.

J'entendais, un jour, des Parisiennes devant lequelles on racontait ces mœurs matrimoniales des Musulmans, pousser les hauts cris. Un grand chef arabe, très fin et très spirituel, parlant admirablement notre langue, leur répondit : « Vous trouvez cela si abominable qu'un mari achète sa femme. Mon Dieu, je ne crois pas que ce soit beaucoup plus mal que votre façon à vous de procéder ; car, en somme, en France, c'est la même chose exactement, sauf que c'est tout à fait le contraire, puisque généralement ce

sont les femmes qui achètent leur mari et, je ne crois pas que ce soit beaucoup plus moral.

Les petites Parisiennes, estomaquées, ne trouvèrent pas un mot à ré-
pondre à cette répartie sévère, mais juste !

Et, comme, toujours devant le même grand chef indigène, les mêmes
Parisiennes protestaient contre la séquestration des femmes musulmanes
par leurs maris, celui-ci leur dit :

« Voyez-vous, Mesdames, tout ceci est affaire de conventions. Moi,
qui suis allé plusieurs fois au Bal annuel du Gouverneur, à Alger, je n'ai
jamais pu comprendre comment des maris français sont assez fous — je ne
veux pas employer une expression plus énergique — pour conduire dans
un salon leurs femmes, presque nues, et, pour tolérer que des Messieurs,
qui ne sont ni leurs pères ni leurs frères, les tiennent serrées contre eux
pendant toute une nuit. J'aime mieux, je vous le déclare, notre excès que
le vôtre ! ».

Évidemment, ce chef arabe était un égoïste. Il envisageait la question
à son point de vue d'homme et il trouvait que tout était très bien ainsi. D'ailleurs, au fond, les Mauresques des villes acceptent parfaitement, et sans en
souffrir le moins du monde, cette claustration qui vous paraît, à vous Mesdames, une chose affreuse.

Il est bien certain que ces femmes du monde musulmanes ne vont pas cou-
rir les grands magasins pour acheter des fanfreluches et, ça, c'est la moitié de
la vie pour une Française de 1910. Pour quelques-unes, c'est même les
neuf dixièmes de la vie.

Mais les femmes arabes sont comme les chats. Leur maris les enfer-
ment, peut leur chaut ! Au lieu de sortir par la porte, elles passent par le
toit. Elles se font ainsi de petites visites; elles en reçoivent, et, ma foi, au
fond — la femme étant toujours la femme — c'est-à-dire un être malin,
rusé et trompeur — et l'homme étant toujours l'homme — c'est-à-dire un
niais, un gros bêta et un présomptueux — les choses se passent, je crois,
dans l'Islam comme en France.

Mais, ceci est vrai surtout pour les Mauresques des villes, pour les
femmes riches. Les autres, celles des campagnes et celles de la classe pauvre,
ont une situation sociale vraiment inadmissible.

Car, une fois mariées, dans les conditions que je vous ai indiquées
tout à l'heure, la femme musulmane doit s'arranger pour plaire à son mari.
Elle doit tenir sa maison très propre, lui tisser ses burnous, lui préparer

son « couscous », et, quand il rentre au logis, être pour lui douce et caressante. Sans cela, gare à elle ! Le mari commencera par la battre. Si les coups ne suffisent pas, il la frappera avec un fouet ou avec une matraque. Et si, en dépit de toutes les corrections, la femme continue à ne pas obéir, il la répudiera, en lui disant tout simplement, et par trois fois, devant trois témoins : « Je te répudie ! Je te répudie ! Je te répudie ! » Et cela suffit. Pas de procédure de divorce. L'affaire est réglée : l'homme reprend sa liberté et la femme n'a qu'à faire son paquet et à déguerpir.

Où ira-t-elle ? Dans sa famille ? Ah ! elle y serait bien reçue. Son père, ses frères, la voyant arriver dans ces conditions, la chasseraient à coups de pierres. Songez donc ! Elle déshonore la famille. Et puis, surtout, c'est un estomac de plus à satisfaire ! On n'en veut pas.

Alors, la malheureuse erre de village en village, essayant de gagner sa vie, mangeant quelquefois ce que les chiens n'ont pas voulu, jusqu'au jour où elle échoue dans une grande ville et devient de la chair à plaisir.

Il y a là évidemment, pour la femme arabe, un état social qui est loin d'être idéal et que nous aurions dû essayer de réformer.

Nous avons voulu, faisant, en matière de législation coloniale, du sentimentalisme mal placé, laisser au peuple conquis ses coutumes et ses usages.

Je crois que, sur certains points où vraiment la mentalité de ces gens-là a besoin, dans leur intérêt même, d'être modifiée, nous avions le réel devoir d'intervenir utilement.

Nous ne l'avons pas fait et, à côté de cela, nous ne nous gênons pas, de temps en temps, pour commettre des actes arbitraires et maladroits.

C'est ainsi que le Conseil municipal d'Alger a adopté, il y a quelques temps, un projet de transformation d'un quartier de la capitale algérienne et a décidé qu'on démolirait les deux splendides mosquées qui datent de sept à huit siècles, pour les reconstruire ailleurs. Si l'on commettait une folie pareille, les Arabes d'Alger se révolteraient sûrement.

L'Institut de France, tout dernièrement, vient de protester énergiquement contre cette délibération invraisemblable des édiles algérois et a demandé que les deux mosquées soient classées comme monuments historiques afin qu'on n'y puisse pas toucher.

J'espère que le maire d'Alger, mon cher maître et ami, M. Charles de Galand, — qui est un pur artiste, — s'opposera, de toutes ses forces, à cet acte de vandalisme que l'utilitarisme déplorable de quelques Béotiens voudrait perpétrer.

'Je viens de vous montrer quelle est la situation de la femme dans les pays islamiques. Ne parlons pas des Turques. Elles constituent une exception chez les musulmanes, et leur condition sociale est très spéciale.

Mais, dans le reste de l'Islam et dans les pays nord-africains notamment, les femmes sont considérées comme des êtres très inférieurs.

Cliché René-Garnier

UNE MAROCAINE REVENANT DE PUISER DE L'EAU
AU BORD DU FLEUVE "LOUKOS"

Pourtant, quelques-unes d'entr'elles réussissent parfois à conquérir un ascendant considérable, non seulement sur leurs maris et sur leurs fils, mais encore sur tous les hommes qui les entourent.

Et l'on cite de nombreux exemples, qu'il serait trop long d'énumérer ici, de femmes arabes qui ont été très puissantes et ont joué un rôle considérable dans le Gouvernement des pays musulmans ou de leurs tribus.

C'est ainsi qu'il y a quelques années encore, vivait, à Bou-Saada, dans le département de Constantine, une femme arabe extraordinaire qu'on appelait « La Maroubouta Zineb » et qui était arrivée à une puissance morale formidable sur toute une région, à cent kilomètres à la ronde.

Les chefs indigènes venaient la consulter, lui demander son appui. Elle réglait les différends entre ses coreligionnaires. Elle percevait, sur tous ses sujets moraux, un impôt qu'ils lui payaient avec une scrupuleuse régularité, et, elle dépensait en aumônes tout l'argent qui lui était ainsi versé.

Elle est morte, il y quelques mois, et, actuellement, les indigènes de la région viennent prier sur sa tombe, en très grand nombre, pour lui demander sa protection, comme autréfois, lorsqu'elle était vivante. Elle est considérée comme une véritable sainte de l'Islam.

Et les exemples de ce genre sont très nombreux.

M. Jonnart, le Gouverneur Général de l'Algérie, me racontait qu'il a vu dans l'Extrême-Sud, une jeune fille de dix-huit ans, le treizième enfant d'un des grands chefs de la frontière oranaise qui, par son intelligence remarquable, est arrivée à gouverner complètement son père et ses douze frères et qui, dans cette région, est parvenue à réaliser des progrès inouïs. Elle s'habille comme un homme. Elle monte à cheval. Elle est venue plusieurs fois à Paris, et tous les hommes placés sous l'administration de son père ont pour elle le plus grand respect et lui obéissent aveuglément.

Ceci prouve donc que la femme arabe peut, lorsqu'elle a l'intelligence et l'énergie nécessaires, jouer un rôle considérable. Et l'importance de la mère de famille chez les Musulmans est énorme. C'est elle qui élève les enfants, garçons et filles, jusqu'à ce qu'ils soient en âge de voler de leurs propres ailes. C'est elle qui les éduque et les instruit.

Donc, les âmes de tout ce petit monde mahométan sont pétries par les mains des mères et j'en arrive alors à la conclusion de toute cette causerie, dont vous excuserez, j'espère, la longueur certainement exagérée.

C'est aux mères de familles musulmanes qu'il faut que nous fassions une âme française, pour qu'à leur tour elles modèlent sur la leur l'âme vierge de leurs petits enfants. C'est à elles qu'il faut démontrer tout ce qu'elles peuvent attendre de cette évolution, entreprise par vos soins, Mesdames, de leurs intelligences vers la lumière.

Et je ne vous demande pas d'aller vers elles pour leur faire apprécier les charmes des robes entravées ou de ces gigantesques abat-jour, quand ce ne sont pas des cerfs-volants que vous appelez des chapeaux et dont vous encombrez vos jolies têtes.

Non, si vous devez aller dans les pays islamiques pour accomplir cette mauvaise action, de grâce n'entreprenez pas cette vilaine besogne.

Mais il y a vraiment une œuvre considérable — formidable quant aux résultats qu'on peut en attendre au point de vue français — à accomplir là-bas, dans nos possessions Nord-Africaines, d'abord, et dans tout l'Islam ensuite.

Mais ces Missionnaires Nationales que feront-elles ? Comment les recrutera-t-on ? Où les recrutera-t-on ?

Ce qu'elles feront ? Elles iront dans les maisons arabes des cités, dans les « gourbis » des campagnes ; elles visiteront les mères de famille, elles leur apprendront comment on soigne les enfants, comment on tient sa maison, comment on peut aussi, à l'aide de travaux féminins, améliorer sa situation pécuniaire, comment on cesse d'être une esclave, une bête, un être sans personnalité, pour devenir la compagne, l'associée, l'ange du foyer.

Elles montreront à ces femmes qu'il y a pour elles un rôle considérable à jouer, qu'elles doivent tout en conservant leur foi et leurs croyances — il ne faut pas essayer d'en faire des chrétiennes par force ! — instruire leurs enfants en leur montrant le chemin du devoir et en leur enseignant une morale autre que celle qui est la leur actuellement et qui apprend qu'il n'est pas défendu de tuer et de voler, mais qu'il est défendu, quand on l'a fait, de se laisser prendre.

Et, petit à petit, lentement, progressivement les esprits s'ouvriront, les cœurs s'épanouiront et la femme arabe deviendra notre grande alliée.

Ce jour là, grâce à vous, Mesdames, l'Islam sera moralement conquis et la politique de Guillaume le Musulman sera sérieusement battue en brèche.

Mais quelles seront les Françaises qui accompliront cette splendide besogne, qui feront à une époque où le Veau d'Or paraît être le seul maître et où les hommes ne pensent plus qu'à lui, cette nouvelle croisade féminine, plus féconde et plus glorieuse que les croisades entreprises par les vaillants chevaliers du moyen âge.

Ah ! surtout, n'essayons pas de fonctionnariser ces « Missionnaires de la Patrie ». On ne fait rien ici-bas de durable et de vivant sans l'enthousiasme désintéressé et sans la foi. Les vrais apôtres ne sont pas des gens qu'on paye.

Mais pourquoi, alors que nous avons en France des sociétés humanitaires innombrables — et on ne le sait pas assez, on ne le dit pas assez ! — la Presse ferait autrement mieux de s'occuper un peu plus de ce mouvement philanthropique admirable et un peu moins des criminels, des escrocs et des cabotins ! — alors que nous avons, sur tout le territoire national, de très nombreux et très actifs groupements féminins dont le but charitable permet au dévouement inépuisable des femmes françaises de s'employer utilement, pourquoi n'aurions nous pas aussi — c'est une idée et je suis heureux de la semer ici pour la première fois, dans un terrain favorable où je sais qu'elle peut croître et mûrir — pourquoi n'aurions-nous pas une Association nationale, dans le genre de celle de la Croix-Rouge, par exemple, dont le but serait d'envoyer là-bas, vers les femmes d'Islam les femmes de France de bonne volonté — et il y en a, — qui ayant appris l'arabe (qui est plus facile à connaître que n'importe quelle langue européenne), et connaissant quelques notions de médecine et d'hygiène, feraient, à tour de rôle, dans nos possessions Nord-Africaines, un séjour bienfaisant pour la France, pour leurs sœurs musulmanes et pour elles-mêmes, car lorsqu'on fait ici-bas une œuvre féconde, le plaisir qu'on en ressent est la plus douce de toutes les satisfactions de ce monde.

Voilà, Mesdames, l'œuvre à laquelle je vous convie. Je ne me fais guère d'illusions sur les résultats immédiats que produira mon exhortation de ce soir. Et je me doute que vous n'allez pas abandonner vos maris et vos enfants pour remplir cette mission nationale. Celles qui en ont — et je vous en souhaite à toutes — se doivent d'abord à leur foyer, c'est bien certain.

Mais à celles qui, pour une raison ou pour une autre, n'en ont pas, et qui risquent de mener une existence inutile et vide, à celles-là je dis allez là-bas ; conquerrez-nous des cœurs et des esprits et travaillez ainsi, d'une façon certaine, à la grandeur de la France.

Et si je vous tiens ce langage à vous, Mesdames les Rouennaises, c'est que je sais que vos maris vous ont souvent montré la route et que les « explorateurs algériens », qui font partie de cette florissante Société normande de Géographie, ne se comptent plus. J'en connais personnellement plusieurs — et non des moindres — et vous applaudirez certainement à l'hommage que je rends ici à vos grands voyageurs africains : mon ami Georges Monflier, votre infatigable secrétaire général avec lequel nous avons vu le mirage à Boughzoul, en plein désert, en la gracieuse compagnie de Mme Monflier, l'une des premières missionnaires rouennaises que j'ai préconisées ce soir, M. Frère, qui a publié dans le *Journal de Rouen*, de très intéressants et très judicieux comptes rendus de voyages nord-africains et enfin et surtout, votre président honoraire M. Ernest Layer, qui est, à soixante-dix ans, un pionnier africain vraiment admirable et qui est devenu, tout en restant Rouennais, un vrai colon nord-africain.

Je pourrais vous citer encore M. Leblond, votre président d'hier ;

M. Gy, avec lequel nous fîmes jadis une balade au clair de lune... dans
la casbah d'Alger, etc.

Et maintenant, Mesdames et Messieurs, je veux vous montrer — mieux
que je n'ai su le faire par ma causerie — ce que sont ces femmes arabes
dont je préconise la conquête morale par les Françaises.

Je vais donc avoir l'honneur, comme le singe de la fable, de vous
montrer la lanterne magique, mais je tâcherai de ne pas oublier de l'éclairer et de vous éclairer en même temps par quelques explications.

Projections lumineuses de vues prises
par MM. René-Garnier et Georges Monflier

Cliché René-Garnier

UN " GOURBI " ARABE

Les femmes arabes sont très sentimentales. Comme vous, Mesdames,
elles aiment les fleurs, la poésie et la musique.

Les fleurs elles les ont à profusion dans les pays d'Orient et elles ado-
rent les parfums extraits de ces fleurs.

La poésie, elle est dans l'âme même de ces Orientales qui rêvent leur
vie et dont l'idéal est de laisser « galoper la folle du logis ! »

La musique arabe, elle, est beaucoup moins rudimentaire qu'on se l'imagine généralement et elle comprend des œuvres tout à fait délicieuses.

Vous savez que, du viiie au xie siècle, les arts mulsumans furent en pleine floraison. De véritables chefs-d'œuvre ont été produits à cette époque.

La sculpture, la céramique, la damasquinerie, la décoration des manuscrits atteignirent à un degré de perfection et de beauté auquel on n'est plus arrivé.

Or, la musique, au temps des Kalifes comme de nos jours, a toujours été très en honneur chez les Musulmans. C'est un art dont ils raffolent.

Actuellement, en Algérie, et depuis quelques années seulement, après quatre vingts ans de conquête, on s'est occupé de rénover les arts musulmans.

On a tenté des efforts louables et très sérieux pour arriver à cette rénovation et des résultats très intéressants ont déjà été obtenus.

La musique arabe — qui tient une place importante dans l'histoire, entre la musique grecque et la musique grégorienne — a été l'objet de patientes recherches.

Un musicographe algérien, M. Edmond Yafil, aidé dans ses travaux par un des écrivains locaux les plus distingués, mon excellent confrère, M. Jules Rouanet, s'est mis à l'œuvre.

Il a reconstitué, avec leur caractère propre et leur physionomie réelle, les mélodies de tous ordres qui constituent le répertoire si riche de ces musiciens indigènes.

Et, ce soir, nous allons vous donner la primeur de quelques-uns de ces airs populaires arabes inédits dont vous apprécierez certainement toute la saveur et le bouquet.

Pour vous faire entendre cette musique, peut-être un peu barbare, mais originale, je me suis assuré le concours d'un jeune virtuose de talent, M. Roger Pénau, Lauréat du Conservatoire de Paris, dont vous allez apprécier les qualités. — A bon artiste, point de réclame !

Le bureau de la Société normande de Géographie aurait préféré que je fasse chanter ces mélodies par une Ouled-Naïl.

Si je n'ai pas réalisé son désir, il y a à cela plusieurs raisons : la première — qui pourrait me dispenser de vous donner les autres — c'est que je n'avais pas sous la main d'Ouled-Naïl. On n'en loue pas encore chez Dufayel. Cela viendra peut-être un jour !

La seconde raison, c'est que, vraiment, pour ces exhibitions, il faut le cadre. Sans lui, elles tournent facilement au grotesque.

Donc, excusez l'absence de l'Ouled-Naïl que M. Roger Pénau va remplacer de son mieux.

Le premier air qui va vous être joué est une *Touchiat Zidane.*

C'est une symphonie construite toujours sur le même plan :

1º Un prélude (*Mestekber*) ; 2º une ouverture (*Touchiat*) ; 3º une mélodie à mesure très large (*Messeder*) ; 4º une suite de mélodies langoureuses (*Betaïhi*) ; 5º une suite de mélodies un peu plus légères (*Djerdj*) ; 6º une suite de mélodies d'allures vives (*Messraf*) ; 7º un final de mouvement très rapide (*Meklass*).

La touchiat qu'on va exécuter devant vous est l'ouverture de la *Nouba gharnata,* du genre *zidane.* Elle s'exécute généralement avant minuit, qui est l'heure réservée par la tradition à une symphonie « medjenba » qui veut dire « avant-garde du jour ». Chaque « nouba gharnata » a ainsi son heure spéciale.

Ecoutons la *Touchiat Zidane* qui sera jouée à son heure, puisqu'il n'est pas encore minuit.

La parole est aux doigts de M. Roger Pénau, si vous me permettez cette expression prudhomesque.

*
* *

Nous allons maintenant vous faire entendre trois courtes mélodies populaires. On les appelle *Zendani.*

Ces mélodies servent à chanter des poésies très variées. On y adapte des paroles, comme sur nos refrains populaires de «Viens, Poupoule » ou de « la Jambe en bois ».

Le peuple arabe, dont l'imagination poétique est toujours en éveil, a tôt fait de trouver des phrases très poétiques à chanter sur cette musique.

La musique de ces « zendani » sert souvent aux femmes arabes de musique de danse. Pendant que les unes chantent en s'accompagnant sur la derbouka, — sorte de tambourin arabe — d'autres esquissent des pas langoureux et très gracieux qui ne ressemblent en rien aux déhanchements grotesques que les almées de Montmartre ont baptisé : « la danse du ventre ».

La première de ces mélodies est intitulée :

Ya moulet el áaïna el Kehla, ce qui signifie : « O toi qui possède un œil noir ».

Et voici les paroles du refrain populaire généralement affecté à cette musique :

« O toi qui possède un œil noir, comme tu es douce et savoureuse ! »

Les couplets racontent les évènements heureux qui se sont succédés pour les deux amoureux depuis le jour où Lui la vit sortir de l'école, jusqu'au moment où Elle peut chanter : « Ma mère en sortant de la maison a laissé le rideau soulevé. Mon ami en a profité pour entrer chez moi, et nous nous sommes aimés ». Ecoutez la musique sur laquelle se chantent ces paroles.

*
* *

La seconde de ces *Zendani*, qui est très courte, a pour titre : *Ya lil ! Ya lil ! ya âaïna*. C'est un air à danser très usité chez les Arabes des villes et chez les israélites.

Voici les paroles appropriées à cette musique ; c'est une invocation à la nuit :

> O nuit ! O nuit ! O toi mes yeux !
> Si brune et si douce !
> Si chère à mon cœur.

*
* *

Enfin la troisième des *Zendani*, qui vous sera jouée ce soir, est intitulée : « *Rana djinak* ».

C'est une chanson très populaire qui se chante avec des paroles différentes dans beaucoup de circonstances, quand un pélerin arrive au tombeau d'un saint, pour les tournées de quêtes, quand la mariée est conduite par ses parents et ses amis à son futur époux, etc.

Presque tous les couplets commencent par ces mots : « Nous sommes venus » et contiennent en forme de cheville poétique, l'invocation : « Mon feu ! Mon feu ! »

Voici un spécimen de couplets pour mariage :

> Nous sommes venus ! ô lumière de mes yeux !
> Nous sommes venus ! Mon feu ! mon feu !
> Que soit louable votre joie et complète votre tranquillité.
> O Aghas, ouvrez votre sérail ! Voici votre maîtresse qui arrive !
> Comment veux-tu que je t'appelle ?
> Veux-tu que je t'appelle : petite montre ?
> Je te mettrai sur mon cœur et tu me feras passer le temps !
> La voici qui va venir et vient dans le corridor
> Avec un petit pantalon rouge et une ceinture à glands grenats.

C'est le signalement de la femme aimée ; on croirait tout aussi bien que c'est celui d'un zouave !

*
* *

Enfin, vous allez entendre une chanson arabe dont voici les paroles. Son titre est : *Djar el haoua ouh' rek.* Ce qui veut dire: « Malheur à celui qui est épris ! »

PREMIER COUPLET

L'amour m'a opprimé et a consumé mon cœur d'un feu violent.
Malheur à celui qui s'éprend d'une voisine dans son quartier !
Malheur à celui qui est épris, ô jeunes gens pleins de fougue.
Il ne peut plus parler à mots couverts.
Si mon amoureux me rendait visite, je lui montrerais de la sympathie.

DEUXIÈME COUPLET

Je me sacrifierais; je deviendrais son esclave ; je servirais dans sa maison.
Malheur à celui qui s'éprend d'une voisine habitant dans son quartier !
Ma patience est comme celle de Job : elle m'est imposée.
Et il en sera de moi comme de Jacob qui pratiqua la patience.
Si mon bien-aimé venait me voir et s'il pouvait m'entendre :
Ses cils se pencheraient vers moi et il me regarderait langoureusement.
Malheur à celui qui s'éprend d'une voisine dans son quartier !

*
* *

Mesdames, en réfléchissant à tout ce que je vous ai dit de la femme arabe, estimez-vous heureuses de votre sort.

Vous êtes des reines, des idoles, parfois même, à ce qu'on prétend (pour moi je n'en crois rien), des tyrans !

Restez ce que vous êtes ! Ne cherchez pas à devenir les égales des hommes. Vous y perdriez énormément, à tous égards.

Le féminisme est une théorie de femmes laides ou inintelligentes. Les jolies femmes et celles qui, gracieuses, sont mieux que jolies, savent très bien qu'elles dominent les hommes — qui, au fond, restent toujours de grands enfants, — de toute leur beauté et de toute leur bonté.

Soyez les « bons anges » en jupons de nos foyers, et ne cherchez pas à devenir les despotes « en culottes » de vos maris.

Sans cela..., nous finirions par nous fâcher et par vous traiter comme des Mauresques.

C'est la grâce que je ne vous souhaite pas !

CH. RENÉ-GARNIER.

Remerciements au Conférencier :

MESDAMES, MESSIEURS,

Le beau talent de M. Roger Pénau vient de mettre en relief ces originales mélodies arabes, à l'inspiration desquelles nos grands maîtres n'ont point hésité à emprunter le thème de leurs plus belles pages. Qu'il en soit cordialement remercié.

Quant à vous, cher Monsieur Garnier, votre conférence si vivante, si documentée, si remplie d'anecdotes charmantes et prises sur le fait, nous laissera un durable souvenir, et je ne saurais mieux vous témoigner notre gratitude qu'en demandant à votre auditoire :

M. René-Garnier n'a-t-il point été bien inspiré en se faisant l'avocat de cette grande cause : la conquête de l'Islam par la femme française ?

Il suffit, en effet, de feuilleter notre histoire pour constater à chaque page le rôle providentiel et patriotique de la Française ;

Il suffit d'avoir suivi les derniers événements du Maroc pour savoir de quel dévouement et de quelle abnégation est capable la femme de France ;

Il suffit d'avoir vu la mère et l'épouse française pour connaître les trésors de bonté, de tendresse et de générosité qu'elle dispense sans compter.

Pouvions-nous trouver intermédiaire plus discret et plus habile dans l'œuvre de civilisation poursuivie ?

Sans doute, la tâche est rude, et l'œuvre de longue haleine ; il faut d'abord que la Française approche la femme arabe et l'arrache aux fonctions les plus dégradantes auxquelles elle est réduite, en lui inculquant la conscience de sa propre valeur, pour en faire la compagne éclairée et dévouée, la conseillère, j'allais presque dire : la protectrice de l'homme.

C'est là, Mesdames, un rôle dont vous êtes dignes à tous les points de vue.

N'avez-vous point prouvé votre habileté en la matière ?

Il existe dans notre Code civil certain article qui donne à l'homme une supériorité incontestable sur la femme ; or vous avez si bien su tourner la loi, que, malgré le vieux texte resté en vigueur, vous avez, dans la pratique, singulièrement interverti les rôles.

MESDAMES,

Apprenez votre secret aux femmes de l'Islam et vous ferez de nous des conquérants.

C'est la conclusion que je veux tirer de l'intéressante conférence de M. René-Garnier.

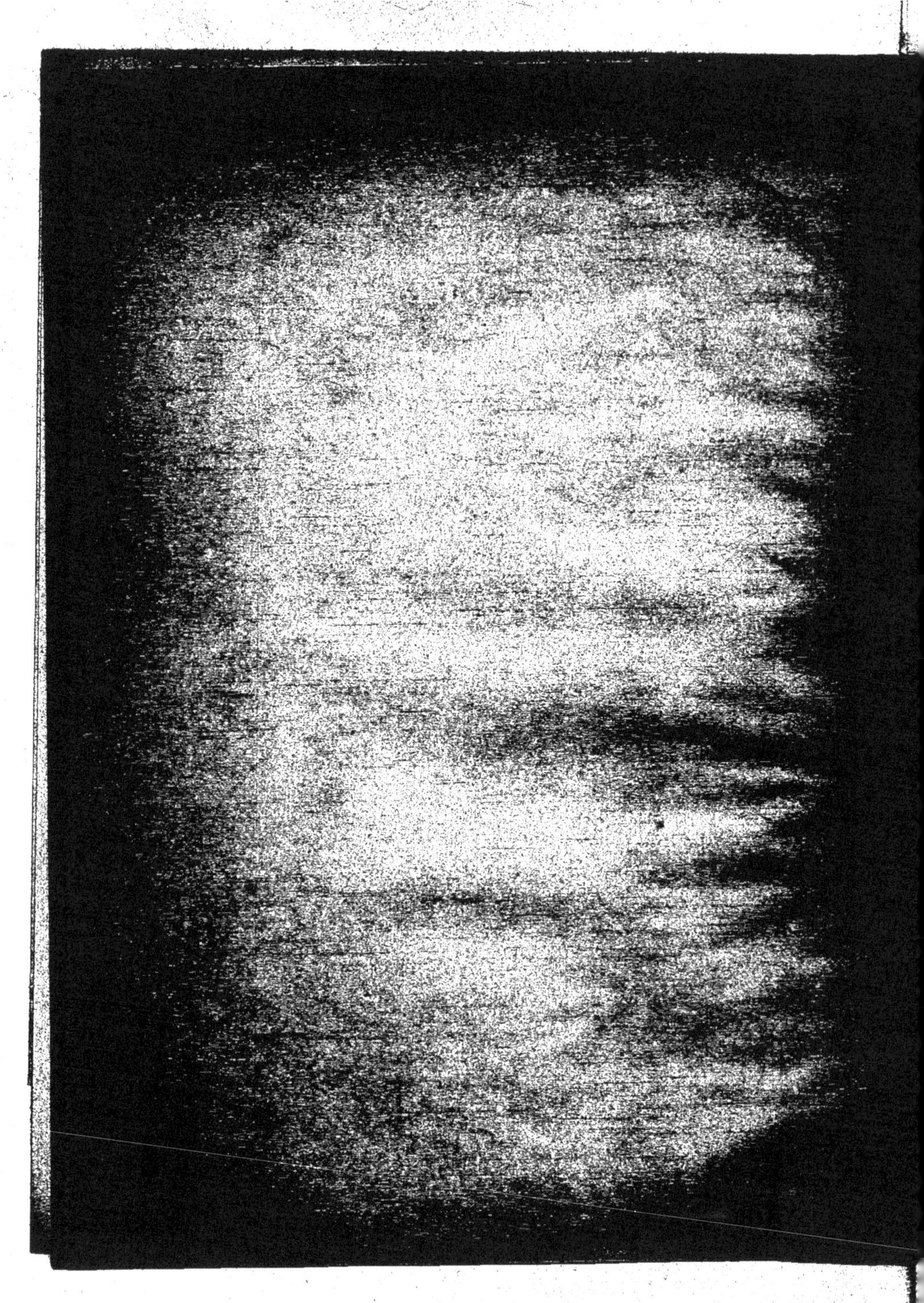

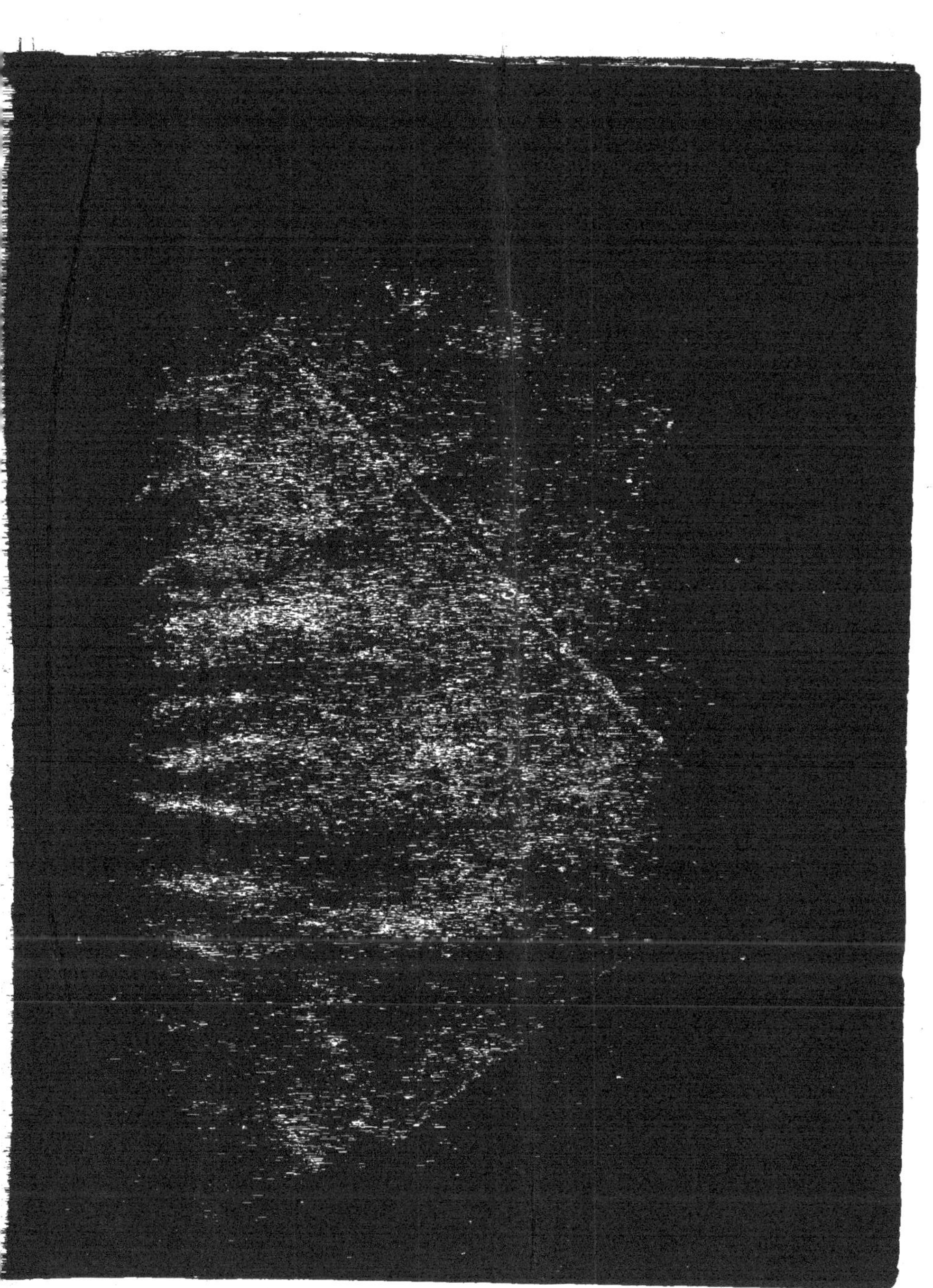

www.ingramcontent.com/pod-product-compliance
Ingram Content Group UK Ltd.
Pitfield, Milton Keynes, MK11 3LW, UK
UKHW022222070726
13613UKWH00004B/1819